AF200892

Titel: "**Buch der Momente**" (Gedichte)
Publikation:
Die zweite Auflage 2018 / Edition Lyrik-Salon Spezial
Die erste Auflage 2002 bei Maison de Mosaik, Dachau

Titelbild: Fouad EL-Auwad
Satz & Layout: Fouad EL-Auwad
www.lyrik-salon.de

Edition Lyrik-Salon Spezial 2018
Herstellung und Verlag:
BoD - Books on Demand, Norderstedt
ISBN 9783748127932

© Copyright für diese Ausgabe: Edition Lyrik-Salon, Fouad EL-Auwad

Fouad EL-Auwad

buch der momente

gedichte

ANFÄNGLICHE MOMENTE

Am Anfang war das Wort

meine sprache versteht mich besser als eure
ich spreche zurzeit in eurer
damit ihr meine verstehen könnt

EINE MINUTE NACH ELF

mehr als eine geschichte erzähle ich,
die geschichte
   des gelben,
   des roten
und
   des blauen papiers.

ich sammle worte,
   sie werden müde.

im staub der nacht
   häufen sich die zahlen.

ich träume.

   der traum - teil der vergangenheit.

ZWEI MINUTEN NACH ELF

ein brief kam an
der hausmeister öffnete ihn
der gärtner verbrannte ihn

er blühte
und trug früchte:
    äpfel
     und rosen

DREI MINUTEN NACH ELF

ich wartete auf die letzte dimension.
ich wartete darauf, dass sie sich näherte.

ich ließ die uhrzeiger stillstehen
und dachte die zeit stünde still.

es waren nur meine gedanken.

nichts blieb, wie es war.

VIER MINUTEN NACH ELF

sie sprang auf's pferd
und ließ es gen wind galoppieren.

nach einer weile hielt es an,
drehte sich zweimal um seine achse,
betrachtete nachdenklich den himmel
und schlief ein.

sie stieg ab.
      und schlief in seinem schatten.

FÜNF MINUTEN NACH ELF

eine rotweinflasche
                    - der wein dampfte -
wurde zu roten wolken

die wolken schlugen auf die menschen
roten regen
            nieder

die menschen wurden rot-berauscht
und schliefen
            vierzig rote jahre

SECHS MINUTEN NACH ELF

ein runder tisch
und vier stühle:
blau,
     rot,
         gelb
             und schwarz.

nach hundert jahren
     veränderten sich die farben der stühle
hundert mal

der tisch hielt stand
     und blieb rund.

SIEBEN MINUTEN NACH ELF

ein zimmer hat
            eine tür
und
            zwei fenster.

die tür fragte das linke fenster:
            „warum bist du geöffnet?"

das fenster:
            „weil ich der pfad zum meer bin."

die tür fragte das rechte fenster:
            „warum bist du geschlossen?"

das fenster:
            „weil ich der pfad zum inneren bin."

die tür schwieg.

            das zimmer dunkelte.

ACHT MINUTEN NACH ELF

unsichtbare anblicke:
ist der stuhl allein auf diesem platz?

der vorhang wird heruntergezogen,
der stuhl versteckt sich.

die verrücktheit dieser welt
wird allein von diesem stuhl bestimmt.

NEUN MINUTEN NACH ELF

ein zug mit zwei waggons

der dritte blieb im bahnhof

auf die fahrgäste wartend

ZEHN MINUTEN NACH ELF

am himmel
       „lichter“

auf erden?
       „menschen“

ELF MINUTEN NACH ELF

versprechungen

rosen der vergangenheit wachsen auf den füßen

jeder fragt jeden
jeder schläft ein
       bevor er gefragt wird

die frage schweigt
       und träumt vor sich hin

ZWÖLF MINUTEN NACH ELF

sie kam

von weitem winkte sie
sie besaß keine stimme mehr

die gab sie der demokratie

DREIZEHN MINUTEN NACH ELF

ein buch ohne buchstaben

seine worte sind
in der vergessenheit spazieren gegangen

sein titel - getrocknete tinte

VIERZEHN MINUTEN NACH ELF

garderobe:
      drei jacken,
            zwei mäntel,
                  ein schal.

sie schliefen drei wochen lang.

sie erwachten in einer waschmaschine,
als sie sich drehte.

FÜNFZEHN MINUTEN NACH ELF

der granatapfelverkäufer
steht neben einer bushaltestelle.

er wartet,
er verkauft,
er geht fort und kommt wieder,

steht und wartet!

SECHZEHN MINUTEN NACH ELF

eine kerze:
sie leuchtet nicht.

ihren faden benutzte der chirurg,
um die wunde der dunkelheit
                              zu heilen.

SIEBZEHN MINUTEN NACH ELF

sie erschien in meinem bewusstsein

ich folgte ihr
      bis sie müde wurde

ein kreis im gedächtnis
      dessen zentrum - ein wort

      dessen spuren - eine idee

ACHTZEHN MINUTEN NACH ELF

die zeit hält an

die blumen nehmen eine farbe an

         die farbe des schweigens

NEUNZEHN MINUTEN NACH ELF

die worte wandern aus
nur die ziffern bleiben
                    dort

wo unsere türen nicht abgeschlossen sind
wo zwischen einer stille
und einer anderen
                    die nostalgie wächst

hinter dem morgen blühen
                    rosen
man schenkte sie uns
                    zum träumen

ZWANZIG MINUTEN NACH ELF

mit kräutern färbten uns die stunden,
und ließen uns hängende farben zurück.

sie luden uns ein, sie zu treffen,
verwandelten uns in seltsame körper,
        und vergingen.

jene zeit - obskure bilder,
als die bäume uns
            adressen schenkten
            und kleine namen,

die mit uns wachsen sollten ...

        mit uns werden sie wachsen ...

EINUNDZWANZIG MINUTEN NACH ELF

stehen wir?
oder lässt uns der staub stehen?

wir lachen
wir führen die morgendämmerung
wir bewachen das ende

    jemand sagt mir

die gewissheit flüchtet
ich lache mehr als vorher
die gesichter sind gemälde

    jemand sagt mir

das versprechen lässt uns nackt zurück

das lachen wurde gesang

ZWEIUNDZWANZIG MINUTEN NACH ELF

augenblicke!

augen kreisen um die stille
andere empfangen die winde

fluchtwege
stimmen der passanten
begleiten die morgendämmerung

ich beschloss
  eine neue farbe zu erschaffen
  und die zahlen zu umarmen

DREIUNDZWANZIG MINUTEN NACH ELF

eine treppe außerhalb des hauses

ihre stufen hängen in der luft

das haus altert

    die treppe wird höher

VIERUNDZWANZIG MINUTEN NACH ELF

eine tasse:
sie ist leer.
der gast trank den kaffee aus
      ohne zucker.

dabei zündete er sich eine zigarette an.
er legte sie in einen aschenbecher
und ließ sie,
      sich selbst rauchen.

FÜNFUNDZWANZIG MINUTEN NACH ELF

eine nackte frau:
in der dunkelheit zog sie ihre scham an
und ging fort.

sie kehrte zurück
mit einer kerze,
ließ sie leuchten
und schlief ein.

SECHSUNDZWANZIG MINUTEN NACH ELF

bild der verrücktheit:
                    es läuten die glocken,
                 alle gärten schweigen.

aus jedem raum strömt rauch heraus.

                 alle schmetterlinge tanzen.

SIEBENUNDZWANZIG MINUTEN NACH ELF

ein traum
er klopfte dreimal an die tür

der schlaf öffnete ihm
der traum nahm ihn mit
und ging fort

als er aber zurückkehrte
        war die tür noch offen

er ging ohne den schlaf hinein
        und schlief ein

ACHTUNDZWANZIG MINUTEN NACH ELF

die fröhlichkeit ist kein ort

die fröhlichkeit ist keine zeit

die fröhlichkeit ist
            eine rose
in verschiedenen farben

NEUNUNDZWANZIG MINUTEN NACH ELF

der wagen des wasserverkäufers
      ohne pferd

er wird vom wind gezogen

zähmt jemand den wind
      so hält der wagen an

der verkäufer schläft träumend ein

DREISSIG MINUTEN NACH ELF

ich wusste dies und jenes
ich wusste vieles
nun ist es gewiss
   dass ich träumte

ich träumte
und wusste nicht mehr
   wie sie aussahen

die formen der schatten

die formen der augen

die ohne spuren vorbeikamen

DIE ZEITLOSEN ZONEN

einfach so

bürgersteige simulieren drang
drangvolle plätze simulieren weite

menschen simulieren menschlichkeit
menschlichkeit simuliert toleranz

toleranz simuliert verständlichkeit
verständlichkeit simuliert geduld

geduld simuliert schweigen
schweigen simuliert wortloses gespräch

das gespräch simuliert zusammensein
das zusammensein simuliert liebe

die liebe simuliert das leben
das leben simuliert den tod

der tod simuliert das nichts
das nichts simuliert das ganze

silhouetten einer stadt

wenn es draußen dunkelt

erhellen sich die fenster -

bilder der stadtsilhouetten

eine straße

sie ist halb so lang wie das gebäude,
das an deren ende steht.

die anderen häuser sind leere hütten.

diese straße spiegelt
die leeren gedanken eines planers.

im haus des regens

die wolken
      bedecken das gesicht des himmels,
wasserfäden
      schleichen hinunter.

wenn das wasser den boden berührt,
      steigt es wieder hoch.
      …

im haus der zeit

zwischen einem augenblick
        und einem anderen
kommt ein augenblick
        und ein anderer vergeht.

im haus der erziehung

„warum?“
ist die häufigste frage
         der kinder

„darum!“
ist die häufigste antwort
         der erwachsenen

warum eigentlich ?
darum !

im haus des traums

wie eine rose in sich
war der traum in der nacht

unendliche zeit hat er für sich

der schlaf
schien unsichtbar zu sein

im haus der gerüchte

gestern hörte ich dies,
ich bin jedoch nicht sicher,
war es so oder so.

jedenfalls war es so,
wie ich denke.

auf das wort kommt es doch nicht an, oder?

das vergessen - herr des wissens

im haus der nacht

wenn das licht
        ausgeht

wenn jedem seine erinnerung
        bleibt

wenn das schweigen
        erwacht

        betreten die träume die bühne

zone der sprache

an der wand
hängt das bild des schattens
der stuhl im zimmer
redet mit dem nichts

hörst du?

die decke verbeugt sich vor dir
hab keine angst
alle sind bei dir

auch das papier

zone des vergessens

zwei lampen aus holz
wir fangen an

kreise um das wort
und andere aus papier
zwei lampen aus papier

wir gingen singend aus
wir ließen die zeit stehen
wir vergaßen
dass wir hier sind

dass wir wir sind

raucherzone

auf einem tisch stehen
        ein kleiner blumenstrauß
        eine tasse kaffee
        ein glas wasser
und
        ein aschenbecher

die tasse wird leer
das glas wird leer
der aschenbecher wird voll

der blumenstrauß geht ein

zeitzone

wann begann die zeit?
wann endet diese zeit?

morgen ist gestern für übermorgen!
heute ist gestern für morgen!

gestern
war morgen für vorgestern!
...

zone des echos

nur die leere wurde gesehen
schweigen begleitete sie

verschiedene ruflaute des schweigens
leuchteten

manchmal fing das gehör
frequenzen alter rhythmen auf

das gedächtnis begann
      in gewissheit zu versinken

stille kreiste in gläsern

bilder nahmen neue gestalten an

lichter wanderten in der phantasie umher

das echo der momente spiegelte sich
      in worten
wider

naturzone

hefte und zahlen
zerstreutes licht

stimmen leuchten wie sterne
grüner schatten tanzt

der sperber
in den wipfeln
    blickt nachdenklich hinauf

berg der illusionen

der schnee häuft sich zum berg hin.
der berg kleidet sich mit schnee.

der schnee schmilzt
        in der sonne.

der berg glänzt
        in der sonne.

das war doch schnee von gestern,
sagt man.

der berg schweigt und wartet.

WEITERE MOMENTE

EINUNDDREISSIG MINUTEN NACH ELF

die sonne kreist um ihre achse,
der mond schläft tief.

der mond kreist um seine achse,
die sonne schläft tief.

die erde schaut beide nachdenklich an.

ihre augen fragen:
         warum ... ?

ZWEIUNDDREISSIG MINUTEN NACH ELF

die zeit nähert sich nicht

    sie zerrann
in der berührung eines augenblicks

DREIUNDDREISSIG MINUTEN NACH ELF

auf den plätzen der stadt:
keiner steht

auf den straßen:
keiner läuft

in den häusern:
keiner sitzt

auch die fliegen verließen die stadt
aus angst vor dem erdbeben

VIERUNDDREISSIG MINUTEN NACH ELF

hund kaffee, kaffee hund

in einem italienischen café
zwei frauen und ein hund.

der hund schläft auf dem sofa.
die frauen schlafen auf den stühlen.

der hund wacht auf,
und trinkt den kaffee aus.

die frauen wachen auf,
bezahlen ihre rechnung
und schlafen weiter.

der hund staunt und bleibt wach!

FÜNFUNDDREISSIG MINUTEN NACH ELF

die stunden - 24
sie wiederholen sich jeden tag ... !

die tage - 7
sie wiederholen sich jede woche ... !

die monate - 12
sie wiederholen sich jedes jahr ... !

und
die jahre des alters?
sie altern im laufe der zeit

sie
wiederholen sich nicht ... !

SECHSUNDDREISSIG MINUTEN NACH ELF

warum
> bist du hier?

weil
> ich hierher kam!

SIEBENUNDDREISSIG MINUTEN NACH ELF

im haus
    gibt es einen hut

unter dem hut einen kopf
unter dem kopf einen hals
unter dem hals
den leib einer frau

im haus
    gibt es eine frau ...!

ACHTUNDDREISSIG MINUTEN NACH ELF

die sonne ruft den mond an
der mond ist abwesend
und sein anrufbeantworter ist defekt

die sonne gibt auf
    und schläft ein

    ...

NEUNUNDDREISSIG MINUTEN NACH ELF

mit den anschriften vergangener tage
fülle ich alle hefte

alle erinnerungen
streiche ich aus meinem gedächtnis

glanz der vergessenheit - gesicht für das schweigen

VIERZIG MINUTEN NACH ELF

über der erde
>lebt der mensch

unter der erde
>lebt der igel

über der erde
>endet der igel

unter der erde
>endet der mensch

EINUNDVIERZIG MINUTEN NACH ELF

ein fluss:
sein wasser ist
    rosa

an seinen beiden ufern
    rosen
    kleine steine
und
    ein großer fels

auf dem
    die frösche rutschen

ZWEIUNDVIERZIG MINUTEN NACH ELF

am abend
ist der zufall auf der suche nach
einer freundin

die steine nehmen die farben des spottes an

und
lächeln

DREIUNDVIERZIG MINUTEN NACH ELF

ich fragte die mir gegenüber sitzende frau:

„warum rauchst du?"
    „weil ich im café sitze."

„warum sitzt du im café?"
    „weil ich rauchen möchte..."

sie ging fort
und kam nach einigen stunden wieder
sie hatte keine zigarette in der hand.

ich fragte sie:

„warum rauchst du nicht?"
    „weil ich aufgehört habe, zu rauchen."

„warum hast du aufgehört?"
    „weil ich launisch bin."

VIERUNDVIERZIG MINUTEN NACH ELF

ich hörte das echo einer stimme.
die stimme war blau,
    ihr echo war grün.

FÜNFUNDVIERZIG MINUTEN NACH ELF

eine straße
hat auf beiden seiten
gelbe bäume

die farbe reiste ab
und kehrte grün zurück

SECHSUNDVIERZIG MINUTEN NACH ELF

als der wind ihn besuchte,
schlief er ein,
er wachte nicht mehr auf.

man sagte,
er ruhe sich weiter aus.

SIEBENUNDVIERZIG MINUTEN NACH ELF

eine wanduhr

ihre zeiger laufen links herum

sie haben sehnsucht
    nach der vergangenheit

ACHTNUNDVIERZIG MINUTEN NACH ELF

im duft des weines
berührten mich deine lippen.

hätten wir uns vermischt,
wäre aus uns ein lied geboren,
das lied des schweigens,
das lied der wollust !

NEUNUNDVIERZIG MINUTEN NACH ELF

ein hauch von lust
schmeckender duft
der raum ist leer
plötzlich
zieht der regen
klopfend seine spuren
hinein ins reich des glücks

in die sphäre des ichs

FÜNFZIG MINUTEN NACH ELF

stück für stück
scheibe für scheibe
prise salz
schmeckende worte

der kuss verspätet sich
schwebend
herumirrend

   die richtige wange suchend

EINUNDFÜNFZIG MINUTEN NACH ELF

der andere herbst

farben brechen die grenzen
düfte ziehen durchs
innere der reifenden
gewürze
     kräuter
         früchte

schmeckende gedanken

ZWEIUNDFÜNFZIG MINUTEN NACH ELF

duft der farben -
minzwasser, rosen - wohlklang im raum

knospen der vergangenheit
vermischen sich,
lust auf leben   und mehr...
das meer
nebenan
weide der erinnerung   und mehr ...

DREIUNDFÜNFZIG MINUTEN NACH ELF

       10 zeitlose minuten
vor dem anfang
ziehen durch die welt
und
       ruhen ganz bald

letztlich war ich der tester - testete
die 10 zeitlosen minuten - dann,
wohlbekommen wünschte ich jedem,
der heranwachsen mochte

       in dieser zeit

VIERUNDFÜNFZIG MINUTEN NACH ELF

tagesgericht
vom feld die sicht - tageslicht
dort, weit am horizont
wasser, wurzeln, baum, knospen,

nepsonk, muab, nlezruw, ressaw,

ein augenblick
        blickt mit den augen eines anderen,
beugt sich -
        vor göttlicher brise -
ein endloser schauer zieht durch den wald.
die knospen erzählen ihrem nachwuchs
        von vergangenen tropfen.

FÜNFUNDFÜNFZIG MINUTEN NACH ELF

hin und her geht die
lust an der zeit vorbei

die schritte kurz und doch zügig

rasch raschelt ein blatt vom ast

ein baum legt sich hin und
gönnt sich ruhe

geschwätz der nachtigall
weckt des baumes wipfel

SECHSUNDFÜNFZIG MINUTEN NACH ELF

der höhepunkt in sachen schmecken:

weiß
ein kleiner tropfen blau
dazu
und das rot im glas
ein klarer ton –
wohlklang der knisternden farben –
flutende düfte

SIEBENUNDFÜNFZIG MINUTEN NACH ELF

das taufbecken vertrocknet
es spendete sein wasser dem regen

halleluja
halleluja
    singt ein mönch

ein fluss und die dreifaltigkeit
heilig
seit zweitausendachtzehn momenten des zweifels

such den notausgang nicht
die knospen des schweigens
    rankten an ihm entlang
und umhüllten ihn

    er verschwand

ACHTUNDFÜNFZIG MINUTEN NACH ELF

ein obdach für den himmel
ein wald für die hungernden
      tag für tag
kehren die toten zu ihrer vergangenheit zurück

ihre gesichter erwachen nach dem leben
am abend
tragen sie das antlitz des meeres

stille des schicksals
auf der hand eines sterns liegend
         trägt früchte

       wir
erheben uns aus den trümmern

NEUNUNDFÜNFZIG MINUTEN NACH ELF

keine zeit für die zeit

die meisten vergaßen, dass
es keine termine mehr gibt.

die letzten worte sind geschrieben

sie werden geschrieben

keine zeit,
        sie zu schreiben

SECHZIG MINUTEN NACH ELF

ich lausche der stille
sie erzählt geschichten

      die des lichts
und
      die des schattens

      die der leidenschaft
und
      die des lächelns

sie flüstert ihre worte
ins ohr jenes schweigens

ZEITTAKT

an einem wolkigen tag

auf die gesichter der vorbeigehenden
zeichne ich das gesicht des morgens

ich grüße sie
      ohne zu zögern

der morgen
      kündigt seine anwesenheit an

auch
      an einem wolkigen tag
      an einem kurzen tag

kürzer
      als ein schluck wein

an einem anderen tag

als der morgen
mit seinem lärm hämmerte,
       wachten alle ohren auf

die augen erwachten,
       um die dinge zu suchen
       ...

am zweiten tag

ich bin
in deinen augen
    geschwommen

in deinen augen
bin ich
    ertrunken

am dritten tag

ich sang
und
     rief den frühling herbei

ich werde dir
     alle rosen schenken

am vierten tag

nachts werde ich singen
wenn die sterne tanzen

es wäre kein wunder
wenn dein gesicht

am himmel erscheinen würde

am fünften tag

deine liebe
hat sich in meiner verlaufen

es ist doch keine neuigkeit

   dass ich dich liebe

am sechsten tag

du und die fremde
       zwei kleider derselben art
du und ich
       zwei menschen
und doch eins

am siebten tag

meine liebe wurde in fruchtbarer erde begraben

sie wuchs
    und lebte ewig

am achten tag

damit mein schmetterling
nicht traurig einschläft

oder
einsam die sterne beobachtet

strecke ich ihm meinen körper entgegen
wie ein violetter kokon

am neunten tag

immer wenn ich straßen finde
laufe ich sie entlang

alles gehört zu den straßen
       die geschäfte
       die autos
       die menschen

alles
außer mir

ich gehöre zu dir

am zehnten tag

ich saß auf dem bürgersteig,
als du vorbeigingst.
    du kamst,
    du gingst.

für dich malte ich ein gesicht,
einen namen schrieb ich für dich.

dort,
    wo ich einst saß,
    gehe nun ich jeden tag vorbei.

am elften tag

als ich in deinen augen meinen spiegel fand

    tanzte ich wie enkido
    irrte wie gilgamesch umher

    nach ewigkeit suchend

am vorletzten tag

solange ich
      jeden tag
die sonne sehe
die du siehst

solange bin ich

nicht weit weg von dir

am letzten tag

der spatz hat seiner freundin
    ins ohr geflüstert

die sonne habe ihren platz verlassen

    wir wandern aus

ein tag nach dem letzten tag

ich ging mit dem wind

weit war der mond

er war ein blasses

    ein trauriges gesicht

zwei tage nach dem letzten tag

dunkel waren die straßen

ich war allein

kälte breitete sich aus

doch meine erinnerung war

     eine quelle der wärme

drei tage nach dem letzten tag

wie das licht
    führt mich
    dein duft
zu dir

vier tage nach dem letzten tag

nach dem worttanz unserer poesie
    lange
    bevor wir uns dem gott des schlafs hingaben
tranken wir die gläser aus

damit der wein seinen thron besteigt

    in unseren köpfen

fünf tage nach dem letzten tag

ich - der allwissende,
weiß nicht,
wer mich tötete
und warum er mich
immer noch tötet!

weil ich das alphabet der liebe bin,

mein herz - mein stift,

mein stift - meine lippen?

weil ich trotz des todes immer noch lebe?

deswegen?

sechs tage nach dem letzten tag

wir waren kinder

wir standen hinter den fenstern
und schauten uns die vorbeieilenden gesichter an.
wir sangen:
>   wir sind klein.

als wir spürten,
dass wir allein waren,
weinten wir.
>   wir waren klein.

als der himmel weinte,
gingen wir schlafen!
>   wir waren klein.

immer wenn wir vergaßen,
waren wir unschuldig.
immer wenn wir vergessen wurden,
waren wir unschuldig.
>   wir waren klein.

wir wussten,
dass wir klein waren.

wir kannten den unterschied
zwischen lachen und weinen.

wenn ein tag verging,
sangen wir:
      wir sind groß geworden.
wir sangen:
      wir waren klein.

sieben tage nach dem letzten tag

wanderst du aus, um zu bleiben?
oder bleibst du, um auszuwandern?

in der spirale der auswanderung
ist dein
     dasein
     ohne bedeutung

welche auswanderung gen wind?
und was für ein dasein?

deine existenz ist deine auswanderung
und
deine auswanderung - buchstaben,
     die in allen sprachen existieren.

am letzten tag nach dem letzten tag

anonym und xy

xy sch reit
reit e kein pferd
anonym fährt mit dem bus

xy sitzt im café
und trinkt kaffee
xy

anonym liest die zeit ung
zeit send ung
send e mir eine post karte
post e hier über xy
deinen bei trag
trag die welt
auf deinen schul tern
schul tasche voll

xy rau cht
rau ist die wan d
wann immer du sie an fasst
fast bist du schon da

am ende war der anfang

worte ohne definition

ich werde die worte sammeln, die
auf den gehweg fielen,
als man sie an die wände schreiben wollte.

auch jene, deren sinn
    noch verborgen ist,
    werde ich entziffern.

auf dem weg zu uns selbst hinterlassen
    unsere schritte keine spuren.

auch ihre rhythmen
    werden nicht gehört.

mir wurde erzählt, dass wir den ort,
den wir verließen, wiedertreffen,
    wenn wir mit der erde tanzend kreisen.

stille erfüllt den raum.

    das schweigen ist farblos.